JN439098

푸른 비망록

푸른 비망록

진선자 시집

세종출판사

책을 내며

첫 작품집을 출간한지 4년이 지났다. 그동안 내게 많은 일이 있었다. 품어 안은 세월이 만만치 않은지라 내 병은 그만큼 깊어졌고, 행동반경도 줄었다. 매사 더 소심해지고 더 조심스럽다. 할 수 있는 일보다 할 수 없는 일이 더 많아짐으로 인한 우울감도 적지 않다. 그렇다고 마냥 풀어져만 있을 수는 없어, 오늘이 내가 가장 힘찬 날일 수도 있다는 생각을 하며 두 번째 작품집에 도전을 했다.

산과 바다가 있는 곳에서 태어나 성장기를 보내면서 정서적으로 시적詩的 감성은 있었지만 그저 최선을 다해 한 자 두 자 내 안의 나를 써내려갈 뿐이다. 아직은 변변한 작품이 없는 상태이나 시詩가 있어 노년이 덜 쓸쓸하다는 후기를 남길 수 있음에 감사한다.

이번 작품집 말미에는 갤러리gallery 한 파트를 구성해

넣었다. 전공했던 분야가 '섬유미술'이므로 전통 보자기를 응용하여 현대에 맞게 디자인하거나 여러 가지 작품들을 새롭게 재현한 것들이 많다. 유화, 아크릴, 실크스크린, 직조, 염색, 혼수품으로 적격인 연꽃 국화 문양 등이 대부분이다. 오랫동안 그늘에만 있던 작품들이 세상 속으로 나들이를 간다고 생각하니 설레기도 하고 다시 한 번 매무새를 가다듬게 된다.

시詩의 소재가 되어준 가족, 형제자매, 친구, 그리고 풍경들에게 고마움을 전한다. 출산을 하기까지 응원하고 배려해준 딸들, 그리고 많은 도움을 주신 문경희 수필가에게 감사드린다. 무엇보다도, 오랜 투병 생활에 손발이 되어주고 지팡이가 되어준 남편에게 가장 큰 감사의 마음을 보낸다.

2024년 시월의 어느 하루

목차

제1부
가라봉의 추억

제2부
푸른 비망록

제3부
고맙다, 차마 못하고

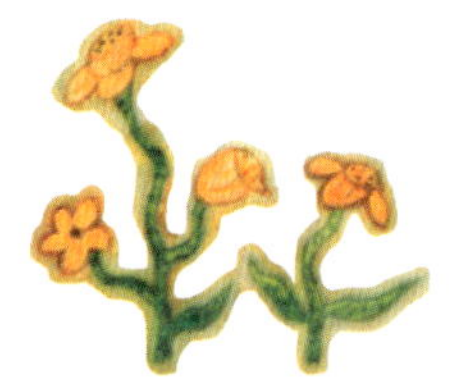

제4부
수영만-그리고 추억

그립고 간절한 것은
언제나 저만치 에돌아 오는 것
봄은 연초록으로 물드는데
나는 무상히 목이 멘다

제1부

•

가라봉의 추억

색색이 고운 봄

바다 위 솟아오르는
태양을 보며
소원 하나씩 담아내던
새해 아침을 기억한다면
희망의 봄은 올지니
꽃 피고 새 울어
창대한 봄이 열릴지니

온기로 차오르는 봄
메마른 나무에서
틔워 올리는
그 강인한 생명력

내촌리 잡목산은
봄으로 화사하다
몽글몽글
새 순들이 터져 올라
온통 환상이다

저마다의 색깔로
산이 물들어 갈 때
가까이보다 멀리서가
더 아름다운
봄의 광활한 전경
신록의 계절을 지나
단풍 든 가을 산은 또
얼마나 큰 감동이며 환희인가

자연은
소리 없이 다가와
제각각의 색깔로
활기찬 기운을 주고
오늘을 살아내는 힘이 되네

자연이 발산하는 색의 오묘함이여
꿈결 같은 이 환상이여

학은 노래한다

I

한껏 날개 펼친
학을 닮았다 하여
'학동'이라 이름 붙은 곳
경관이 아름다워
사람들의 품새도
바다처럼 여유로워
이곳에 오면
모두가 형제자매 같다

바람 잔잔한 날은
동백기름 반지르르
어머니의 머릿결 같은 물살
물때 맞춰 들어오는 배는
갈매기 날갯짓으로
만선을 알린다

저만치 해변 끝자락에
버티고 있는 용바위
세월의 흐름에도 아랑곳없는
마을의 수호신
수천 년 파도의
허연 입질에도 의연한 그 모습
장하구나, 용바위

겨울부터 불을 건
붉디붉은 동백은
우람한 팔뚝으로
팔색조를 품어 안는다
노자산의 정기, 마을에 내리고
자연과 학이 어우러져
우주 속의 작은 낙원인 듯

가라봉은 노래한다
벼늘바위는 느긋해
여름날 바닷가에서
쏟아지는 유성에 환호하고
감동했던
그때 그 시절 마냥 그리워

날마다 축제인 듯
아직도 남아
시린 가슴에 군불 지피는
별똥별의 아련한 추억들

II

학은 노래한다
우거진 송림 사이
자갈밭 수평선
여기만한 곳 없다고
선량한 사람들의
끊임없는 일터
온종일 놀았어도
다시 오고 싶어지는
이곳

문 열고 나서면
수평선이 눈앞에
자갈거리며 다가오는
속삭임
때로 해풍이 불어오면
몽돌 해안은 몸살을 앓는다

어선들은 수산 개안으로
어구들은 더 안전하게
태풍은 스르르 지나고
해안은 평정을 찾는다

해안을
감싸 안고 오늘도
평화로움에 젖는
그윽한 자태
언제나 그 자리에
수호신으로 남을지니

여름, 날씨

간밤 번개 요란하더니
아침엔 안개 내리네
바람 없는 중복 더위
도가니탕으로 원기 돋우고

해질녘 해무는
용호 해변 자욱이
산허리를 감아
그 위로
파아란 하늘
어쩜 저리 고운지
내 마음도 곱게 물들었으면

오늘의 이유

딸들 손을 빌릴 수도 있고
지팡이에 의지할 수도 있는 것을
굳이 남편 손 부여잡는
이 갑갑한 사람 좀 보소

분명하고 인정이 많은 사람
내 가족이 잘되기를 바라는 사람
젊은 날 무던히도 내 속 태우던 사람
즐거운 날도 힘든 날도 뒤로 하고
오랜 병마에 함께 싸워주는 사람
지치고 힘들어도 언덕이 되는 사람
고맙고 또 고마운 남편, 주홍 씨

주저앉아 버릴까
이러고도 살아야 하는 걸까
하루에도 몇 번씩
곤두박질치는 상념 속에서도
남편과 자식이

끝내 살아야 하는 이유지
그들이 내 안에서
가만가만 숨을 쉬고 있어
오늘도 의연하게 일어서네

가라봉의 추억

안개 낀 가라봉에
온종일 비가 내린다

고향 뒷산 가라봉에 케이블카 떴다
친구들과 나물 캐던 그곳
한 편 파노라마의 전경이 되고
외도에서 대마도, 충무, 고성, 거제까지
360도 회전

풍경은
안개 속에 묻히고
해묵은 기억만 카페라떼 속에 어린다

차츰 힘들어지는 육신
언제 또 밟아 볼 수 있을지
돌아서서 보는
고향 바다와 산천이
추적추적

눈물 같은 비에 젖고 있다

그립고 간절한 것은
언제나 저만치 에돌아 오는 것
봄은 연초록으로 물드는데
나는 무상히 목이 멘다

숭어

이른 봄
벌겋게 능선을 물들이는 동백꽃

해마다 지금쯤이면
붕기미 숭어잡이 한창이었지
능선 망루에 앉아
어로장 물밑 숭어떼 기다리며
두 눈이 시리도록 바다만 바라보았네

쏴아
바람이 이는 듯 물결이 흔들리면
기다림도 끝이 났지
수신호 단 몇 초에 일망타진
묵직해진 그물로
왁자하게 허공을 밝히던 신명
살집 실한 숭어들
온몸으로 뛰고 솟구치고

노지산 곤달비는 숭어와 제격
향긋한 봄내음을 고명으로 얹은
얼큰하던 매운탕 맛
지금도 입 안에 감도네
싱싱한 그 맛

감나무집

청사포 감나무집을 아시나요
아내 손잡고 가끔 오는 남편
그 부부를 아시나요
뭔가를 응시하는 눈망울은 맑으나
아내는 아픈가 봐요
젊은 날은
얼마나 다정했을까

상추쌈에 고기 얹어서
적당히 말린 가자미 구이
그건 손으로 먹어야
맛있는 건데

이리도 정겹고 애틋한 사람
한때는 그리도 날 듯 날 듯
미우면서도 정들고
정들면서 늙어가는
이런 노년도

저 감나무에 달린 감처럼
더운 여름 다 보내고
서서히 가을볕에
익어가고 있나봐요.

일곱 살 소녀의 6.25

사변이 나던
그해 여름은 온통 혼란의 시기였다
군함이 풀어놓은 피란민들로
바닷가는 늘 북새통이었다

날씨가 좋을 때는
자갈을 요 삼고
별을 이불삼아 밤을 나던 그들
비가 쏟아지면
흠씬 젖은 몸으로
민가를 노크하던 그들에게
밥을 나누고 찬을 나누느라
동네는 늘 어수선했다
몇몇이 가져온 중국비단은
쌀이나 생필품으로 탈바꿈했다

그해 여름처럼
길고 더운 계절은 없었다
휴전으로
그들이 떠나고
학동, 그 작은 바다 마을은
고요를 돌려받았다

일곱 살, 어린 눈
처음 보는 군함처럼
그 많은 사람도 낯설었다
이제와 돌이켜보면
눈물로도 다 못 읽을
아프고도 아픈 역사의 한 페이지

멀다

오늘에 이르러서는 아득히도 멀다

다만 추억은 가까이 있어

그리움으로 목축여보는

그 밤들

내 푸르른 날들의 비망록

제2부

•

푸른 비망록

봄날

이제 비로소
봄을 봄이라 불러볼까

벚꽃은 개화를 서두르고
색으로 향으로
봄을 쓰는 꽃들의 화려한 만개
필까 말까
넝쿨장미 담장에 턱을 괸 채
봄을 염탐하고 있네

겨울보다 더 시리던
코로나의 계절
발이 묶이니 마음도 얼어붙던
지독한 단절의 계절
그 무겁던 조갈의 시간
꽃 피고 새가 울어도
봄은 아득히 멀어 있었네

단단한 침묵으로 달변을 잠재우던
어제들을 곱씹노라면
가벼워서 조금은 무거워져도 좋을 봄날
여전히 위태한
아, 봄날의 까마득한 서정

드디어
마스크 해제
덩달아 입도 봉인 해제
조잘조잘 입 가벼운
그 봄날이 반가워라

푸른 비망록

한 학기가 끝날 무렵
우리는 작업실에서 밤 새워 과제를 했지
직조tapestry를 선택으로 한 몇몇 중
나는 오십대 후반의 주부였네
이삼십 대 초반의 청춘들 속에서
잃어버린 꿈을 찾느라
잠을 잊어도 좋았던
그 열정의 날들 잊을 수가 없네
틀 위에 밑그림을 붙여놓고
베를 짜듯 하나둘 문양을 짚어가던
그때의 희열도 잊지 못하네

2002년, 그 어느 밤
FIFA 월드컵 한일전이 열리던 날
붉은 티셔츠가 거리를 수놓았지
4강 진출이라는 감격과 환희의 순간
'대한민국! 짜잔짠 짠짠!'
닫혔던 마음들이 하나의 날개를 단 듯

모두가 외치고
모두가 따라 부르던 승리의 축가
거리로 쏟아져 나온 사람들의 물결
차도도 인도도 사람으로 들이치던
황홀하던 밤의 환란
나도 청춘인 듯 목청을 풀고
밤을 낮인 듯 활보하던
내 삶을 열정으로 직조하던
밤의 파노라마

멀다
오늘에 이르러서는 아득히도 멀다
다만 추억은 가까이 있어
그리움으로 목축여보는
그 밤들
내 푸르른 날들의 비망록

음악의 오솔길

어렸을 때부터
나는 음악을 좋아했다
길을 걷다가도
어디선가 선율이 흐르면
매미처럼 담벼락에 붙어
귀를 모으곤 했지

차츰 나이가 들고
나는 좀 더 깊고 넓어졌을까
가요든 팝송이든 클래식이든
진한 감동으로
복잡하던 심사를 풀어내는
경험도 자주 했다
음악이 내게
힘과 용기를 주기도 했지

바하 음악은 맑고
깊은 울림이 있어

명상하기에 좋아
비발디의 '사계'는
들을 때마다 감탄사를 연발하지
계절의 소리와 색깔을
어쩌면 이리도
섬세하게 그려낼 수 있을까
놀랍고도 경이로워

'플라이 미 투 더 문'은
미지의 어떤 세상으로
가고 싶은 소망을 읊조리지
K항공사의 광고 음악
'웰컴 투 마이 월드'는
불현 듯 떠나고 싶어지는
사람들의 심리를 절묘하게
읽어낸 것이라 할까

또 하나
요요마의 탱고
탱고는 내게 특별하다
끊고 맺음이 확실한 것도 좋지만
센텀 문화센터에서
과천 친구와 파트너 되어
탱고리듬에 몸을 실었던
그때가 그리워

음악의 오솔길엔
살아온 내가 있네
가지 못하는 길과
만나지 못하는 사람을 그리며
나는 아직도 종종
추억의 볼륨을 높인다

그리움으로 부르는 이름

I

가평 언덕에서 만난 우린
긴 세월을 함께 했네
때론 문화센터에서
때로는 광안대교 불빛을 바라보며
일상을 환하게 꽃 피웠지

안개비 아침을 열고
한낮엔 햇빛 눈부신 봄날
친구는 남편과 함께
호수에 다녀왔단다
그날이 마침 생일이었고
안개 어린 호수가
운치를 더욱 거들었겠지
밤을 머금은 물안개가
스멀스멀 피어오르는

안개의 호수를
그림처럼 그려내던
내 친구, 미라

II

훌쩍
친구가 과천으로 이사 간 후
덩그러니 홀로 남아
빈자리를 잃었네
둘이 하나 되어 따스했던 날들을
거푸거푸 그리워했네

늦가을 쌀쌀한 날씨에
떠오르는 보름달

어찌 알았을까
내 생일이 되면
엄마가 만들어 주셨던
시루떡의 추억을

어느 날 홀연히
KTX에 몸을 싣고
먼 나를 찾아준 친구
수영만
그 너른 바다를 배경으로
내 손을 꼭 잡았지
생일을 일깨우며
알려준 적 없었기에
감동이 배가되고
궂날도 시큰했던가

III

다시 봄날
안개 잦은 계절
그리움으로 부르는 이름 하나
달려가 손잡지 못하는 아쉬움
축축하게 눈꼬리를 적시네
추억을 더듬으며
듬뿍 내 사랑 보내 주고파

바다를 부르는 창

내 방
커다란 창은
날마다 바다를 불러오지

잔잔한 날
바다는 호수 같아
물결은 잠시 휴식이지
바람이 적당한 날
멀리 수평선 너머까지
물결은 끊임없이 순환하네
태풍의 계절이 오면
물결은 집채만 한 파도가 되고

수년 전 만조날
태풍 '차바'를 만났던 날
사각의 창 속에서
물결은 온종일 요동쳤지
세상을 집어 삼킬 듯 포효하며

광안대교에도
방파제에도 부서지고
깨어진 파도는
고요하던 물결의 다른 얼굴이었지
비바람 몰려와
해안을 흔들 때 하얗게 솟구치던
그 정경 놀라웠네
저렇듯 솟구치고 나면
바닷물도 희석되겠지
어군들은 더 좋은 환경에서
활발하게 노닐고

물결이 연주하는
장엄한 바다의 오케스트라를
내 안으로 청하기 위해
매일 아침
나도 창을 열어 바다를 부른다

마린시티 전경

영화의 거리를 중심으로
우측은 요트계류장
좌측으론 해안도로
바다를 상징하는 물결무늬 따라
걷고 또 걷고 싶어지는 산책로

몇 년 전
태풍이 휩쓸었던 곳
거대한 바람이 바다를 몰고 왔지
해변 상가는 몸살을 앓고
사람들은 망연자실
축대를 쌓고 배수 처리를 하고
삼발 겹겹이
큰 정성을 쏟은 끝에
지금은 누구나 오고 싶어지는
명소로 자리잡았네

유명 커피숍이 문을 열자
젊은이들이 북적북적

구수한 커피향에
바다를 섞어 마시네
바다는 활력의 원천
등 푸른 생선처럼
삶을 퍼덕거리는
청춘들의 가슴에도
바다가 넘실대고

밤의 광안대교는
황홀한 빛의 페스티벌
떠나가고 돌아오는 차량행렬
교량을 훤히 켜면
일곱 빛깔 무지개
허공으로 그려지네
고요하나
고요치 않은
마린시티의 밤은
영화처럼 깊어가네

그대 손을 잡고서

나의 짝
나의 친구
날마다 고마운 사람
그대 손을 잡고서 오늘은
순두부집
뜨거운 국물처럼
한 술 두 술
나는 그대 사랑을 넘기네

삼백예순다섯 날
언제 어디를 가나
손잡아 나를 지탱해주는
유일한 내 버팀목
그대 손을 잡고서
험난한 길 걸어왔네

때로 훨훨
바람처럼 떠나고도 싶겠지

딸들이 가까이 있으니
그대 손을 쉬게 하여도 좋으련만
나는 지금도
든든한 그대 손만 찾아

시린 다리에 붙인 핫팩
그것이 화근이 되어
아홉 달을 고생했네
덧나고 또 덧나고…
병원을 전전하다
끝내 찾은 화상센터
그곳에 여장을 푼
한 달 하고도 보름날
하루도 빠짐없이
손과 발이 되어준 사람
요즘 저런 남편 없다고
누구나 입을 모았네

퇴원 이후 통원 치료
하루걸러 집에서 드레싱
밤낮으로 애쓴 그대
반 치료사가 되었네
오늘도 그대는
내 젖은 상처를 오래도록 매만지네
그대 손에 나를 맡긴 채
하루라는 언덕을 쉬엄쉬엄 넘고 있네

장하다, 한나네

미국으로 유학 간 셋째아들은
한인교회 목사님이 되었다
생전, 교회 나들이가 낙이었던 어머니
목사 아들과 살고 싶어 하셨던 어머니
부모님을 모시고 달라스로 간 셋째 덕분에
어머니께서 소원을 이루셨다

아들 차를 타고 교회 가는 즐거움
주일날이면 꽃보다 더 활짝 피어나던 어머니

자식의 도리라며 옅은 미소 띠었지만
연로하신 부모님 봉양에
동생 내외는 얼마나 힘들었을까
동생보다 올케 한나네가 곱절로 더 고맙다
직장 일에 집안일에 주일날은 목사 사모로
바쁨 속에서도
말없이 부모님을 보필해준 내 올케, 한나네

"위로 두 분 형님이 계신데…."
찾으려 들면, 편치 않은 타박거리가 없었으랴
뒤돌아서서 무거운 한숨을 몇 번이나 쏟아놓았을까
생각할수록 울대가 뜨거워진다

흐트러짐 없이 한결같던, 그 고운 마음은
어디서 오는 것일까
흰 가운 속의 헌신적인 사랑이 몸에 밴 때문이었으리
누구나 할 수는 있지만
누구도 쉬 할 수 없는 무조건의 사랑나누기
보는 이의 가슴을 따뜻하게 데워주던
농생 부부의 풍경들

부모님 떠나신지 오래 되었어도
한마음으로 애쓰던 동생과 올케의 모습은
내 가슴에 아름다운 무늬로 새겨져 있다
현실은 너무도 많이 변해버렸지만
내 안에서 영원히 변치 않을 감사의 언어들

고맙다, 한나네
이승에서 맺은 혈육이여
동생 부부의 앞날에 희망의 등불을 걸어두고 싶다
진심을 다한 삶은 결코 헛되지 않으리라고

수저집_면, 파리핀염, 1993

여행지에서 쓰는 일기

I

흩어져 있던 가족들이 모여
2박3일 지리산 계곡으로 떠났다
머리도 식힐 겸
코로나로 인한
격조를 다독여보자며

산청휴게소에 모인 13명의 대가족
화기애애한 만남
그 중 몇은 건강이 여의치 않았고
나도 그랬다

갈까 말까
오늘이 있기까지 나는 몇 번이나 번복을 했다
척추수술로 보행에 문제가 있어
즐거운 분위기에 폐가 될까봐

걱정 말라며
모두들 반겨 손잡으며
서로가 서루를 위해 배려를 아끼지 않는
가족이라는 이름으로 뭉친 우리들
이내 내 기분도 밝아지고
오기를 참 잘 했구나

II

초여름의 향긋한 풀내음
시원하게 흘러내리는 계곡의 물소리
조금은 들떠 있는 가족들의 목소리

서로를 챙기며 소중한 만남을 이어가는
시댁의 형제애는 각별하다
만나서 즐겁고
헤어지면 다시 기다려지는
요즘 보기 드문 끈끈한 혈육의 정

늘 동생들을 챙기는 시숙께선
자주 만날 수 없어 아쉽다 하신다
서울 사는 시누이는 멋쟁이
재치도 유머도 넘쳐, 시누이 셋이
모이면 분위기는 금세 밝아진다

아쉬웠던 마지막 날
펜션 뒷마당에 펑퍼짐하게 누워 있는
바윗돌 하나 무대삼아 차례로 노래를 불렀다
시인인 고모부는 정호승의 시를 낭송해
잊지 못할 계곡의 밤을 선사했다
밤하늘의 달도 별도
귀를 열어 우리를 듣던
그 밤은 정말 즐거웠다

그 정성

몸과 마음에 새겨

내 다시 일어서리다

고맙다는 말 대신

날마다 되새기는

혼자만의 손가락 약속

제3부

•

고맙다, 차마 못하고

새 살

비가 내리네
봄 내내 좋던 날에 빗금을 긋네

케이블카에 나를 싣고
정상으로 향하는
쾌청하던 내 안의 일기
축축하게 젖어든다

하긴, 어디 일기 예보뿐이랴
인생도 그러하지
순항만 하는 삶이 어디 있을라고
어긋나기도 하면서
에두르기도 하면서
겨우 제자리인가 싶으면
또 다른 암초에 발목 잡히지

무너지고 깨어지면서
내 자리를 찾기까지
세월은 얼마나 많이
소리 없이 흐르던가

세월의 파고를
온몸으로 감내하며
상처는 더께로 앉아
새 살을 준비한다
그렇게 단단하고
또 단단해진다

큰오빠

내게 혈육은
오빠 두 분에, 남동생 셋이었다
그중에서도 큰오빠는 여동생인 내게
유독 다정한 분이었다
동면에 들어있는 나를
세상으로 깨워내기 위해
늘 바깥세상을 조근조근 일러주었다

해마다 가을되면 태풍 잦던 바다
어구는 바람 손 적게 타는
포구로 이동하고
묶고 조이며 바람을 대비하지만
대양을 거칠게 불어온 큰 바람으로
바닷가는 더러 몸살을 앓았다

어느 해 큰 태풍이 왔던 날
아버지의 건어망이 온통 피해를 입었다
어구는 죄 쓸려가고 가세는 기울어

상급학교 진학을 앞둔 내게 끝끝내
배움의 길은 열리지 않았다
큰오빠는 누구보다도 안타까워했다

큰오빠는 충무에서
여학교 입학원서를 사왔다
할머니께 간곡하게 말씀을 드렸으나
끝내 허락을 받지는 못했다
토요일마다 집에 들른 오빠는 나에게
독서의 소중함을 일깨우고
문학에의 꿈도 키워주었다

여성지인 〈여원〉과 〈여상〉
군입대 이후에는 〈현대문학〉을 보내주었다
지금 내가 글의 언저리에서
어설픈 글이나마 쓸 수 있게 된 것은
큰오빠 덕분이다

이상은 높아가고
현실의 발목은 무거웠으나
용기를 추스르며 여기까지 온 것도
모두 큰오빠 덕분
그 큰 빚 갚을 길 없어라

가까이 누군가가 있어
희망과 꿈을 심어준다면
비록 삶이 힘들어도
살아갈 힘이 생기는 게 아닐까
큰오빠는 가고 없지만
문득문득 그리워지는 사람
큰오빠가 있었기에
아련한 추억 저편이 환하다

팩하는 날

백화점 포인트로 받은 마스크 팩
병원치료 있는 날이 아니니
마침 팩이나 하면 되겠네
남편은 팩 한 장
내 얼굴에 곱게 펴서 붙여준다
그리곤 자기도 붙이고 눕는다

나란히 누워서 생각한다
내 손과 발로
할 수 있는 일이 과연 몇이나 될까
그만 눈물이 주르르
나를 타고 내린다

지병에다 척추수술까지
고단한 시간을 걸었다
잠시 반듯하였으나
차츰 등은 기울고

마음도 함께 무너져 내리던
지난 3년

좀처럼 호전되지 않는 나
남편의 심정은 어떠하랴
식사 준비는 물론
치료 차 병원나들이
가까운 길 산책까지
내 동선을 따라
나란하게 발자국을 찍어야 하는
자신은 없고 나만 있었던 시간
그 고충을 어찌 헤아리랴

고맙고 미안하다는 말
나는 선뜻 못한다
당신의 노고를 치하하기엔
너무 가벼운 말이라서

고모야!

항상 웃고
항상 밝은 사람
주고 또 주어도
더 줄 게 있을까
호주머니를 뒤지는 착한 사람
그 사랑
마르지 않는 샘물 같아라

지금껏 베푼 마음
형제들도 조카들도 이미 훤히 알아
혈육의 정을 버팀목 삼아
남은 날은 훨훨 털고
소리쳐봐, 나는 부자라고
위하고, 챙기고, 보듬고
마음이 마음을 알아주니
세상에 부러울 건 없어

쉬운 삶이 어디 있으며
외롭지 않은 삶이 있으리오
숱한 시간 사랑으로 보듬어 안고
오늘에 다다랐으니
장한 누이요, 장한 언니가 아닌가

우리 모두
한마음 되어
그대의 평안을 빌고
그대 또한 긍정으로 받아들이니
세월이 가고
더 긴 세월이 흘러도
그대의 하루하루가 온기로 차오르기를
그리하여 나날이 행복하기를

22. 4. 10
시누의 생일을 축하하면서

외손녀

"할머니 우리 엄마
야단 좀 치세요"
막내외손녀 전화가 왔다

"울애기, 왜 그랬는고?"
"할머니가 주신 돈
언니만 데리고 신발 사러 시장 갔어요.
나도 신발 사고 싶었는데"
울먹이던 다섯 살
그 꼬맹이

집에 오면 거실 장식장에
올라가 언니 오빠들과 함께
'어머나'를 부르던
귀엽던 그 꼬마가
어느새 커서
의대생이 되었네

힘든 공부 뒤에 오는
임상실험 동영상에
의사처럼 가운을 입고 섰네

어릴 때 '째째째' 하며
귀엽기만 하던 울애기
의사되어 앉아있는 모습
할미가 볼 수 있으려나
그 말 떨어지기도 전에
뚝뚝
흐르는 눈물
할미도 울고 저도 울고

조카딸들, 고마워

푸른 숲속에서 맞는 하루
아침 일찍 산을 오르고
계곡의 물소리를 들으며
심호흡을 크게 하는 사람들
그들을 바라보는 것만으로도
내 몸에 활기가 생긴다

아침은 간단하게 조카들이
점심, 저녁은 조카사위들이 상을 차린다
음식도 여행의 일부라며
내일 식사도 이미 계획해놓고
서로 자기 지갑을 열겠다고 웃고 떠든다
웃으니, 마냥 즐겁다

어머니 살아 계실 때
두 분 모시고 온 적이 있었다며
아버지는 물론 삼촌, 숙모, 고모들까지 모시고

꼭 오고 싶었다던 지리산 용추계곡
고맙구나, 조카들아
아버지의 형제들까지 챙기는 너희들

딸이 많으면 서운하다는 건 옛말
키울 때는 아들보다 딸이 더 귀엽고
시집을 가고 나서도
친정 생각 딸이 더 절절하다

청명 한식 무렵이 부모님 기일이다
형님 계실 때와 같이
조부모님께 올릴 상을
세 자매가 준비하는 것을 보며
우리는 얼마나 감동했던가

그 음식 속에는 아득한 추억이 있다
화전에 병어 지짐, 향긋한 봄나물

형님이 먼저 잡은 건어는 맛있는 것이라며
우리 손이 모두 그 그릇에 가던
그런 날도 있었는데
형님은 가시고 없지만
딸들이 그 추억을 담아내고 있구나
간 날들이 그립고
형님이 더욱 생각난다

우리에겐 딸이나 다름없고
아들 이상으로 잘하는 조카들
칭찬하고 자랑하고 싶구나
어떤 환경에서도 의지 꺾지 않고
밝게 살고 있는 너희들에게
끝없는 성원을 선물처럼 보낸다

필리핀으로 간 진 목사

필리핀 오지에서 선교 활동을 하던 동생은
이번 귀갓길이 무척이나 힘들었다
가는 곳마다 검사에, 2주 격리는 기본
마닐라 공항을 출발
한국 경유, 미국 뉴욕까지 꼬박 한 달
부모님을 모신 달라스 레스트 랜드를 들르느라
한 주가 더 추가되었다

비행장은 휑하고 사람들의 표정은 무겁기만 했다
무덤 속처럼 가라앉은 분위기
백신이 개발되었다는 반가운 소식에
그나마 트이는 숨통

어릴 적 동생은 학교에 가고 싶어
교실복도, 텅 빈 적막 속에 서서
옷소매를 물어뜯다 청강생이 된 어린이였다
사춘기를 지나 교회를 나가기 시작하더니
미국으로 유학길에 올랐다

드디어 목사님이 되었고 부모님을 모시고 갔다
먼 이국땅에 뿌리를 내리는 일이 어찌 쉬웠으랴
부모님 떠나실 때까지 정성을 다한
동생내외를 보면 늘 든든하고 자랑스럽다

두 분, 부모님을 천국으로 배웅하고
동남아 오지마을로 선교를 떠난 동생
열악을 극복하며 일은 끝이 없었다

섬이나 매립지, 산간벽지에
교회를 설립하고 지도자 양성도 중요하고
파식Pasig 강가에 있는
빈민촌의 현실은 참으로 눈물겨웠다
교육에 무관심한 부모들과
말없이 흐르는 물이
벗이요, 장난감이요, 책이요, 공책인 아이들
안타까운 마음에 밤잠도 더러 설쳤으리라

어둠속에서도 아침은 밝아오고
고통의 터널을 지나면
약속이듯 새로운 길이 열릴 터
희망의 불씨를 가슴에 묻어놓고
코로나로 꽁꽁 얼어붙은 계절
잠시 기도의 시간에 든다는 동생
그의 지극한 기도가 부디 하늘에 가닿기를

자식들은 이제 손주들 재롱 보며 쉬라 하지만
강가 아이들의 해맑은 모습이 떠올라
동생은 하루에도 몇 번씩
그쪽 하늘 노을에 안부를 묻는다

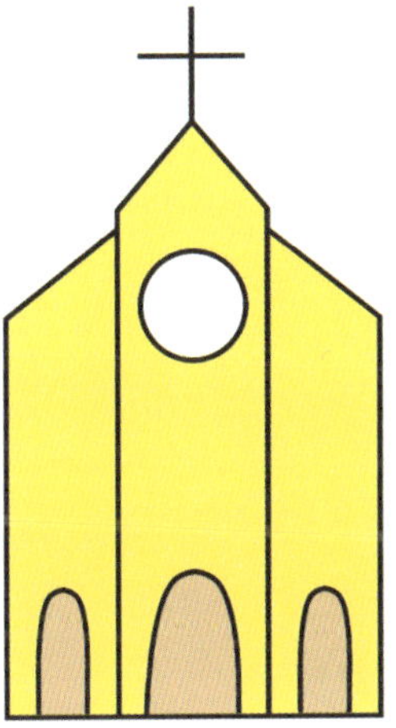

고맙다, 차마 못하고

우리는 동갑부부
기쁜 날 슬픈 날 함께 보내고
팔순의 문턱에 서 있네

수만 번
해와 달이 뜨고 지는
시간의 피륙 위에
우리가 적어 놓은 사연들
이제는 하나둘 끄집어내어
쓴맛 매운맛 아릿한 여운마저
그리움으로 반추해도 좋으련마는

아직도 병상을 지키는
서글픈 내 모습
몸이 고달프니
마음도 고달파
고맙다는 말 차마 못했네
그 사람 얼마나 가슴이 탈까
작은 잎새 흔들림에도

잠 못 드는 예민한 나
그대는 어찌 참고
여기까지 왔는지

젊은 한때
내 속 무던히 태웠어도
눈 떠 눈 감는 매순간
아픈 내게 붙박인 그대
손이 되고 발이 되어
나를 이끌어주는 그대를 보면
미움도 원망도 눈처럼 녹아내리네

그 정성
몸과 마음에 새겨
내 다시 일어서리다
고맙다는 말 대신
날마다 되새기는
혼자만의 손가락 약속

밀려나고 밀려들던

조가비 섞인 흰모래

그 갯마을을 잊지 못하네

마당 한 편으로

그물이 쌓여 있고

어부들이 그물을 손질하던

허수룩한 풍경들

제4부

•

수영만-그리고 추억

수영만
– 달빛

잠에서 깨어보니
빌딩사이 달빛이 훤하네
바깥
수영만 호수에도 달빛은
공평히 내리고

한낮의 번잡함을
가만히 잠재우는 밤
내내 묵직하던 어둠이
환하게 일어선다
밤이 있어 휴식이고
밤이 있어 새 날도 있지

이런저런 생각 속에
저만치
기울어 가는 달빛

수영만
– 야경

밤이면 광안대교의
야경은 얼마나 멋진가
LED 조명이
항구의 밤을 밝히고
上, 下행선 대교를 오가는
자동차의 불빛은 환상이다
그 빛이 주는 또 다른
낭만과 숨결

주말이면
타국 발 크루즈선이
호수에 정박한다
항구에 내려선 여행객들은
부산의 야경을 즐기고
부산,
작은 항도의 향취를 누리기도 하지

가을되면 축제가 열린다
마린시티 해변에
배우들이 출동하지
레드 카펫 위의 시상식도 열리고
11월초 광안대교를 훤히 켜는
불꽃놀이도 환상이지

수영만은
사계절이 살아 움직이는
거대한 숨결

수영만
– 요트와 서핑

수영만은 언제나
살아 움직이는 바다
때로는 바람 불고
때로는 잔잔히 눕지
호수와도 같은 바다는
여름날의 성지
수상 레저를 즐기는
사람들로 선착장이 붐비네

요트들의 물결
한가로이 물 위를 노닐고
유월의 능소화처럼
한껏 붉어진 얼굴로
바다를 유람하는 사람들
무겁던 일상
저 멀리에 두고
출렁이는 물살에 몸을 맡기네

서퍼들은
다양한 묘기의 명수
바람과 파도를
제 식대로 주무르며
날개 단 듯 물 위를 미끄러지네
모였다 흩어지고
홀로 유유히 흐르며
제 한 몸
물이 되고 바람이 되어
바다와 몸을 포개지

태양보다
더 뜨겁게 여름을 즐기는
무릇 청춘이란 그래야 하는 것
눈 아래 펼쳐지는
여름 바다의 축제를 구경하며
멀어진 내 청춘도
한 장씩 꺼내 읽네

수영만
– 그리고 추억

그 옛날 큰오빠 따라
해운대 바닷가에 가던 날
수영 비행장을 거쳐
갯마을 수영마을을 지날 때
우리가 탄 버스 옆으로
바닷물이 찰랑찰랑
밀려들고 있었네

그때 본 파도와 모래사장
눈에 선한데
이제는 없네, 그 바다의 이야기들
바다가 매립되고
빌딩이 우뚝하네

밀려나고 밀려들던
조가비 섞인 흰모래
그 갯마을을 잊지 못하네
마당 한 편으로

그물이 쌓여 있고
어부들이 그물을 손질하던
허수룩한 풍경들

가끔씩
통통배가 오갈 뿐이던
추억의 그 바다
지금은 없는 그곳에는
아직도
큰오빠의 손을 잡은
어린 내가 걷고 있네

지금 이대로

간간 봄꽃 전해주고
간간 생각나지만
잊을만하면 몇 자 소식 전하는
지금 이대로가 좋은 것을

초콜릿 향이 짙어도
아는 듯 모르는 듯
진정 그 마음 담았어도
지금 이대로가 좋은 것을

세월의 흐름에 수더분해지며
세월과 같이 흘러
서로의 평안을 빌어주는
지금 이대로도 좋은 것을

다시는 오지 말거라

I

B병원 화상센터
어른들이 병실로 오는 것보다
아기들이 화상입고
입원하는 것을 볼 때면
마음이 더 아프다

요즘은
금수저 아닌 아기가 없건만
어쩌다가 그렇듯
위험에 노출된 건지

돌 전 8개월 무렵
세심한 주의가 가장 필요한 때
사방 모든 것들이 위험한 때
너무 일찍 뜨거운 맛을 보아버린 아기들

울음소리만 들어도 가슴이 아리고
붕대를 감고 있는 것만 봐도 안타깝다

II

7층 병실, 남매가 함께 실려왔다
“내가 죄인이다, 내가 죄인이다”
사위와 딸 앞에서
연신 되뇌던
친정엄마의 놀란 가슴

잠시삼깐의 순간
동생이 끓인 우웃물을 쏟아
옆에 있던 오빠까지…
무슨 이런 일이 있는가
상처가 깊어 치료에 지친 동생은
의사나 간호사를 보면

자지러진다, 목이 쉬어
울음소리도 못낸다
취미생활 다 접고
외손주 챙기던 젊은 할머니는
어찌할 바를 모른다
고개를 못 든 채 잔뜩 풀이 죽은
외할머니, 하늘도 땅도 무심해

III

오늘은 며칠 째 울고 보채던
아기 하나가 퇴원을 한다
귀엽고 깜찍한, 돌 지난 아기
너무 밝고 환해서
더 귀엽던 남자 아기
아장아장 걷던 모습이
지금도 눈에 선해

집에 간다며
아기가 좋아라, 손 흔든다
엄마 손 꼭 잡고 간호사들한테
손 흔들며 가는 모습
너무 예뻤네

아가야
탈 없이 자라거라
다시는
여기 오지 말거라

엄마의 만두

설을 전후해서 친구가 다쳤다

추위가 얼마나 기승을 부리는지
눈 오고 비 오다 또 눈 오고
전국으로 영하권이 이어지는데
과천 친구는
며칠 째 장을 보러 다녔다

엄마 만두만큼 맛있는 만두를
먹어본 적이 없다고
시집 간 딸들이 노래를 불러
올해는 특별히 더 맛있게 만들겠다고
추운 줄도 모르고
만두거리를 사러 다녔다

쇠고기는 식육점에서 갈아오는 것보다
도마에 잘게 썰어야 제 맛이고
돼지고기는 무농약 사료를 먹이고

냉동하지 않은 걸로 만들어야
그 맛이 일품이라고 했다
딸과 사위들, 그리고 손주들과
맛있게 먹을 걸 생각하면 즐거웠다
집이 지척인데
그만 삐끗, 빙판에 넘어지고 말았다

순간
누가 보지는 않았는지 두리번거리고
겨우 일어서려니
팔이 말을 듣지 않더라나
심 여사, 얼마나 놀랐을까

딸들이 병원으로 뛰어왔다
"엄마, 우리가 엄마 만두 맛있다고
괜히 얘기했나 봐요."
어쩔 줄 몰라 하는 딸들

며칠 전 깁스를 일부 풀고
퇴원을 한다는 연락을 받았다
친구야, 애썼다
우리는 이제 자식들이
할 수 있도록
길을 알려주는 것으로
만족하며 살자

수저집_면, 파라핀염, 1993

신념의 결심

바람아 불어라
파도야 쳐라
배는 간다
가다보면 풍랑이 멎는 날도
있을 것이며
태양도 다시 떠오를 것이다.

누구에게나 거친 파도는 오겠지만
나에게는 또 다른 의미가 있네
힘들면 힘든 대로
심연에서 솟아오르는
저 강렬한 외침

내 인생의 세 번째 외침
그 외침이 나를 때리네
그래, 온몸으로
온 가슴으로
운명을 안고 나아가는 거다

어떤 절대적인 힘이 없이는
지금 이대로는 안 되겠기에
하늘에 땅에 맹세하고
'신년의 결심'에 따라
나아가는 거다

섬유제품의 기법은 천을 조각내어
문양을 새겨 넣는 것부터
유화, 아크릴화, 판화, 실크스크린, 직조, 염색 등
다양하다.

Jin's Gallery

파리핀 염

비상, 청조

비상, 홍조

타피스트리

염원 2002년

타피스트리

오월의 노래 2002년

투산 환타지아

조각보

유채꽃 2002년

조각보 아이디어 스케치

유채꽃 (아이디어스케치) 2002년

조각보

새와 모란 2003년

조각보

이국의 향기 2002년

조각보

원앙 2002년

실크스크린

무제 2000년

실크스크린

무제 2000년

실크스크린

무제 2000년

실크스크린

무제 2000년

실크스크린

보자기 2000년

동산의 휴식 1998년

유화

가을의 정취

유화

물고기

학동바다

유화

원앙 I

원앙 Ⅱ

유화

목가

파리핀염

수저집 1993년

파리편염

정종병집과 수저집

파리핀염

수저집

파리핀염

수저집

수저집

파리편염

정종병집

진선자 시집

푸른 비망록

발행일 2024년 10월 30일

지은이 진선자
발행인 이길안
발행처 세종출판사

주소 부산광역시 중구 흑교로71번길 12 (보수동2가)
전화 051) 463-5898, 253-2213~5
팩스 051) 248-4880
전자우편 sjpl5898@daum.net
출판등록 제02-01-96

값 12,000원

ISBN 979-11-5979-726-2 03810